Riwweloorsch un Hannebampel

Die schönsten hessischen Schimpfwörter

Illustrationen Leonore Poth
Texte Hildegard Hogen

Riwwelorsch!
Hannebampel!
Lumpemensch!

Und wie schimpfen Sie? Falls Sie jedenfalls in Hessen, über Hessen oder mit Hessen schimpfen wollen oder gar müssen, dann sollten Sie noch über ein paar Wörter mehr verfügen.

Denn das Hessische mag zwar dem Nichthessen ein wenig dumpf und vielleicht sogar behäbig klingen – in seinen Schimpfwörtern offenbart es seine ganze Vielfalt, ja seine Eloquenz.

Kaum eine Marotte, kaum eine Seltsamkeit, die das Hessische nicht mit einem ganz eigenen und vor allem ganz treffenden Schimpfwort belegt. Wie wäre ein ständig rastloser, unruhiger Mensch besser zu bezeichnen als mit „Riwwelorsch" oder, wenn es um eine Frau geht, mit „Häwwesdeesje"? Der unsäglich Antriebslose besser als mit „Hannebampel" oder „Dottel"? Oder die Frau von schlechtem Charakter besser als mit „Lumpemensch" oder „Oos"?

Lernen Sie Hessisch, und lernen Sie die befreiende Wirkung des Schimpfens kennen! Es muss ja nicht gleich ein jeder wissen, wie reich Ihr Schimpfwortschatz ist. Auch wenn Sie nur insgeheim schimpfen, dann wird Ihnen es Ihnen mehr Spaß machen, wenn Sie aus einer großen Vielfalt wählen können. Probieren Sie's aus!

Leonore Poth (Oos) und
Hildegard Hogen (Häwwesdeesje)

Gispel: aufgeregter, fahriger Mensch.

Häwwes|deesje [zu Häwwel, = sowohl Kosewort für „Ziege" als auch für „Kind", und zur Verkleinerungsform von Dose, = Döschen, das auch für die verhüllende Umschreibung sowohl der Vagina als auch der Frau überhaupt gebraucht wird]: nervöses Kind (v. a. Mädchen), überempfindliche Frau.

Hoschbes, Huspel: nervöser, unkonzentrierter und dadurch auch ungeschickter Mensch.

Riwwel|oorsch, Riwwel|maddees [Riwwel = „Streusel", Oorsch = „Arsch" bzw. Maddees „Matthäus", männlicher Vorname]: ständig rastloser, unruhiger, ungeduldiger Mensch.

Dreckert: Mensch von schlechtem („dreckigem") Charakter.

Duckel, Duckes: ein Duck, in Nordhessen auch Tuck und sogar Tück, das ist ein böser, hinterlistiger Streich, und der, der ihn verübt, der ist eben ein Duckel oder Duckes. Vermutlich ist er sprachlich verwandt mit der (Heim-)Tücke; mit anderen Worten: Er kommt nicht gerade aus einem guten Elternhaus.

Hinnerfotzer: ein Hinnerfotzer, der ist net hinne wie vorne, also falsch, geradezu heimtückisch, hinterhältig. Er grüßt zum Beispiel überfreundlich den, den er einen Augenblick zuvor denunziert hat.

Lump: Mann von schlechtem Charakter.

Lumpe|mensch [das]: Frau von schlechtem Charakter.

Oos [wie hochdt. Aas; das]: gerissene Frau.

Säckel: durchtriebener, hinterlistiger Mensch, Gauner; jemand, der andere in den Säckel [zu latein. sacellus „Geldsäckel", auch „(Hosen-)Tasche"], also in die Tasche steckt.

Doll|bohrer: ursprünglich ein Bohrwerkzeug, mit dem die Schreiner und Zimmerer Löcher ins Holz gebohrt haben für die „Dollen", die Holzzapfen. Vermutlich durch den Anklang an das Adjektiv „doll" (hochdt. toll „närrisch") auch ein Schimpfwort für jemand, der eine närrische Idee mit Verbissenheit und Sturheit verfolgt.

Hart|riegel [vermutlich zur gleichnamigen Pflanze, einem weit verbreiteten Strauch mit sehr hartem Holz]: eigenwilliger, starrsinniger, auch unerbittlicher Mensch.

Schlunk, Schlunkes: habgieriger Mensch.

Spinozer: schwer umgänglicher Mensch.

Storrax: eigensinniger, starrsinniger Mensch.

daab Fill: wörtlich ein „taubes Fohlen", wobei das Wort taub hier so viel bedeutet wie gefühllos, reaktionsarm. Schimpfwort für einen (weiblichen) Dummkopf.

Houkel|goukel: im Südhessischen ein geistig sehr, sehr einfach gestrickter Mensch.

Hutsche|bibbes, Utsche|bibbes [Hutsche, Utsche „Kröte", „Hure"?, Bibbes „Penis"]: grobes Schimpfwort für einen einfältigen Menschen; auch verächtliche Bezeichnung für Franzosen, für Farbige – und für verwöhnte Kinder.

Labbe|duddel: einfacher, dummer und energieloser Mensch.

Simbel [zu französ. simple „einfach" aus gleichbedeutend latein. Simplex]: ein Mensch, der in seiner Einfältigkeit nur vom **Hutsimbel** übertroffen wird.

Bollewitzer: Spötter.

Grisel: Scheusal.

Schmuser, Süß|schmuser [zu Schmus aus jiddisch Schmuoss „wortreiches Getue", „schöne (schmeichelnde) Worte"]: jemand, der anderen Honig um den Mund schmiert; Schmeichler.

Stripser: Dieb, Kleindieb.

Suitier: Lügner, Betrüger, Hochstapler.

Spitz|klicker: vor allem in Südhessen ein durchtriebener, gerissener Menschen, dem man besser nicht vertraut. Der Wortbestandteil „spitz", der aus dem Frühneuhochdeutschen stammt, bedeutet hier so viel wie „überklug", „betrügerisch" (wie in den Wörtern „spitzfindig", „Spitzbube"), der Wortbestandteil „Klicker" könnte die Bedeutung „Hoden", verallgemeinernd für Mann, haben.

Kruschel: alte Frau.

Lumpe|krott: Die Zusammensetzung aus Lumpe, hochdeutsch „Lumpen", und „krott" (häufig liebevoll für „Mädchen"), hochdeutsch „Kröte", kann sowohl Schimpf- als auch Kosewort sein für ein freches oder aber nur ein lebenslustiges Mädchen.

Orschel, Urschel: Verkleinerungsform von Ursula mit der Bedeutung „einfältiges Mädchen, einfältige Frau".

Rolz, Rolzerin: mannstolle Frau.

Truschel, Trutschel: schwerfällige Frau.

Utschel: ungeschickte Frau.

Zaupe: liederliche Frau, auch mannstolle Frau, Hure.

Zumpel: eigentlich ein alter Lappen, übertragen auch eine mannstolle Frau, Hure.

Fulder [eigentlich „Fuldaer"]: roher, grober (brutaler) Mensch; Grobian, Rüpel. Das Schimpfwort geht zurück auf die jungen, kräftigen und mitunter sicher derben Männer aus der sehr ärmlichen Umgebung von Fulda, die regelmäßig auf die rhein- und die südhessischen Bauernhöfe kamen, um als Saisonarbeiter das Getreide zu dreschen oder das Obst zu ernten.

Golo: ungehobelter, grober Mensch.

Oschero: grober, nicht ernst zu nehmender Mensch; das Wort geht zurück auf den ungebildeten, skrupellosen und korrupten französischen Marschall Pierre François Charles Augereau (* 1757, † 1816), der während der Napoleonischen Kriege die oberhessische Bevölkerung mit einer Schreckensherrschaft regierte.

Raubauz: roher, grober (brutaler), auch streitsüchtiger Mensch; Grobian, Rüpel.

Rülpes: ungeschliffener, unbeholfener, grober Mensch.

Stampes: dicker, plumper Mensch.

U|rumpel: in seinem Denken und seinem Handeln grober Mensch, Rüpel.

Bätz|nickel [Nickel = Kurzform von Nikolaus mit der Bedeutung „unbelehrbarer Mensch"]: aufgeblasener, prahlerischer Mensch.

Dunzel [zu frz. Donzelle „Mädchen", „Frau", umgangssprachlich auch abwertend, z. B. im Sinn von „launische Göre", „Flittchen"]: hochnäsige, einfältige Frau; auch Hure.

Laatsch|gickel [Gickel „Hahn"]: sehr eitler Mensch.

Spitze|gickes: sehr eitler, geradezu närrischer Mensch.

Spokel, Spukel, Spokes, Spukes: exaltierter, überheblicher, hochnäsiger Mensch.

Zippel: putzsüchtige, auffallend gekleidete Frau.

Reff: dürre, hagere Frau; das Wort bezeichnet eigentlich eine Fang- oder Haltevorrichtung, zum Beispiel für den Unrat in einem Bach oder am Erntewagen.

Spirbes, Spir|watz: Spatz; schmächtiger Mensch.

Sprinz(e): überempfindliche Frau, magere Frau.

Staches: ungelenker, linkischer, zum Teil auch eingebildeter, vor allem aber sehr hoch aufgeschossener, hagerer Mensch.

Düppeler: Pedant.

Garschd [zu garstig?]: boshafter, unleidlicher Mensch.

Näuseler [näuseln „unablässig, nörgelnd bitten", vor allem von Kindern]: Nörgler.

Stieben|narr [vermutlich zu stieben „plötzlich, wie in Panik davonlaufen"]: jemand, der sich (auch nach Alkoholkonsum) anfallartig närrisch oder widerspenstig benimmt; launischer Mensch.

Wurm|sack: Schimpfwort mit vielfältiger Bedeutung, zum Beispiel Nörgler, Nervensäge, aber auch für jemanden, der sehr durchtrieben ist.

Babb|sack [zu Papp, = veraltet für „klebriger Schmutz"]: sehr dreckiger, auch sehr dicker Mensch; Mensch von schlechtem Charakter.

Dreck|fickel: im Oberhessischen Schimpfwort für einen dreckigen Menschen.

Dreck|sack: sehr dreckiger Mensch; Mensch von schlechtem Charakter.

Lumpe|säckel [zu Lumpe „Lumpen" und „Säckel" aus latein. sacellus „Geldsäckel", auch „(Hosen-)Tasche"]: verlotterter, verarmter Mensch von schlechtem Charakter.

Schlunz: unordentliche, schmutzige Frau.

Watz: eigentlich Eber (männliches [Zucht-]Schwein), übertragen auch plumper Mensch, schmutziger Mensch, zum Beispiel in **Wullewatz.**

Zobbel|eil [zu zobbeln „ziehen, rupfen, zerzausen" und Eil „Eule"]: ungepflegte Frau.

Dorschtel: jemand, der sehr viel Durst („Dorscht") hat und entsprechend viel (Alkohol) trinkt.

Färz|verbeißer, verschlossener Mensch.

Schlof|eil [„Schlafeule"]: Langschläfer.

Schnuffeler: Opportunist; Mensch, der immer auf seinen Vorteil aus ist.

Späne|brenner: jemand, der sich Öl und Wachs für die Beleuchtung spart und stattdessen Holzspäne verwendet (die aber sehr schnell runterbrennen); vor allem im übertragenen Sinn gebräuchlich für geizige Menschen.

Zäh|nickel [zu zäh „geizig", und zu Nickel, = Kurzform von Nikolaus, mit der Bedeutung „unbelehrbarer Mensch"]: geiziger Mensch.

Zwirgel: verschrobener Mensch.

Dappes, Dapp|schädel [möglicherweise verwandt mit hochdt. veraltet „tappig, täppig, tappicht" mit der Bedeutung von „täppisch"]: Tölpel, Einfaltspinsel. Die Verkleinerungsform **Dabbesje** dagegen hat einen wohlwollenden, liebevollen Klang; mit ihr spricht man jemand (vor allem ein Kind) an, dem gerade ein Missgeschick passiert ist.

Dill|dapp [zu dappen „tappen"]: Mensch mit unsicherem, linkischem Gang.

Hann|dackel [Hann = Kurzform von Johann, Dackel = „ungeschickter Mensch"]: einfältiger, ungeschickter Mensch.

Olwel, Olwer, Olwer|nickel, auch **Ollo** [zu olwer „albern", „grob", „unbeholfen", „roh", „einfältig"]: einfältiger, rüpelhafter Mensch.

Ullack [Ull- zu olwer, → Olwel]: Einfaltspinsel, ungeschickter Mensch.

Ulle|watsch [Ull- zu olwer → Olwel]: roher, grober (brutaler) Mensch.

Bampel|krämer [zu bampeln „(schlaff) hängend", Krämer = abwertend für jemand, der engstirnig und erfolglos arbeitet]: jemand, der aus Trägheit keine Arbeit fertig kriegt.

Dottel: kraftloser Mensch.

Hampel [kurz aus Hampelmann]: Mensch ohne eigenen Antrieb.

Hanne|bampel [Hanne, = Kurzform von Johann, bampeln „(schlaff) hängend"]: energieloser Mensch.

Lapp|orsch: schlaffer Mensch.

Riwwel|deisem: eigentlich der aus den Resten des Brotteigs „geriwwelte" (gerebelte) und getrocknete Sauerteig (Deisem); im übertragenen Sinn ein kraftloser Mensch.

Schlof|haub [„Schlafhaube"]: ein langsamer, träger Mensch.

Alafanz [zu mittelhochdt. alevanz „Narretei" (auch Schwindel, Gewinn) aus italien. all'avanzo „zum Vorteil"]: überempfindliche Frau; die ursprüngliche Bedeutung „zum Vorteil" ist im hessischen Schimpfwort verblasst, nachdem sich das Wort an „Fanz" (zu mittelhochdt. vanz „Narretei") angelehnt hatte.

Finz: zimperliche Frau.

Flöh|haub: ängstlicher Mensch.

Muffes: verschlossener Mensch.

Schlärrerin [Schlärre „Mund", „Schmollmund", „zum Weinen verzogener Mund"]: weinerliche Frau.

Zimber|liese, Zimber|nuss: zarte (grazile) Frau, auch empfindliche, geradezu wehleidige, zimperliche Frau.

Golle: liederliche Frau.

Lumpe|beele [Lumpe „Lumpen"]: eine **Beele** ist eine liederliche Frau; eine Lumpebeele eine besonders liederliche Frau, genauso wie eine **Lumpel.**

Schlampch, Schlampel, Schlumpel: schlampige Frau.

Schlampes: schlampiger Mann.

Schluuri: nachlässiger Mensch, Faulenzer, Tagedieb.

Zampel: unzuverlässige, unordentliche Frau.

Zussel [zu Susanna]: unordentliche, liederliche Frau.

Bloß|orsch [bloßer (nackter) Arsch]: aufgeblasener, wichtigtuerischer Mann, Angeber. Der **Bloßorsch grie** (grün) ist der „Niemand" in einer abweisenden Antwort auf eine neugierige Frage („Wo machschten hie?" „Zum Bloßorsch grie").

Laatsch|maul: Schwätzer, Angeber.

Quatsch|peter: Schwätzer.

Schätterätatt: geschwätzige Frau, Klatschbase.

Schlapp|maul: jemand, der viel, laut und in derben Worten spricht.

Schlarrer, Schlarrete [zu Schlärre „Mund"]: geschwätzige Frau, Klatschbase.

Sprich|beitel: jemand, der mehr redet als tut.

Strunzer: großsprecherischer Herumtreiber, Angeber.

Flabbes, Flabsch: ungeschickter, auch unordentlicher, vor allem aber leichtsinniger und leichtfertiger Mensch.

Futzel: liederliche und leichtsinnige Frau.

Schälch: unzuverlässiger Mensch.

Schlippsche [Verkleinerungsform von Schlupp „Schleife"]: flatterhafter junger Mann.

Schussel: jemand, der sehr flatterhaft ist und unüberlegt, fahrig handelt.

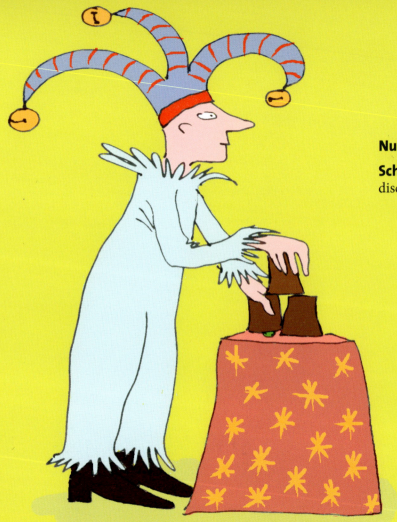

Nulpe: Spaßmacher, Possenreißer.

Schaute, Schoute [zu gleichbedeutend jiddisch „Schote"], Tor, Narr.

Dallacker: unbeholfener, törichter Mensch.

Halle|batsch: geistig schwerfälliger Mensch, der so weit zum Übertreiben neigt, dass es ans Närrische grenzt.

Häudäudel: jemand, der so einfältig wie töricht ist.

Gift|nickel [Nickel = Kurzform von Nikolaus, mit der Bedeutung „unbelehrbarer Mensch"]: streitsüchtiger, jähzorniger Mensch.

Hitze|blitz: jemand, der oft aufbrausend reagiert.

Hor|nickel [Nickel → Giftnickel]: eigenwilliger, starrsinniger Mensch.

Rechterer, Reckterer [zu hochdt. „Recht"]: streitlüsterner Disputierer, sturer Rechthaber.

Zänk|eisen: ursprünglich ein Knobelspielzeug aus eisernen Ringen und Stangen, die so rätselhaft ineinander verwoben sind, dass man leicht darüber in Streit geraten kann, wie es wohl hergestellt worden sei. In übertragener Bedeutung wird das Wort auch als Schimpfwort für Menschen (v. a. für Frauen) gebraucht, die als streitsüchtig gelten.

Zorn|nickel [Nickel → Giftnickel]: jemand, der sich schnell provoziert fühlt, oft aggressiv ist.

Schnauker, Schnäukel(er), Schneegeler: jemand, der beim Essen sehr wählerisch ist – oder jemand, der gern Süßes nascht.

Schnäuber, Schnäubier: jemand, der beim Essen sehr wählerisch ist.

Späh|fresser: schlechter Esser; jemand, der in seinem Essen rumstochert und scheinbar nach etwas Ausschau hält (späht).

Spinne|fresser, Spinne|giekser: ein sehr dürrer Mensch, der sehr schlecht (wenig) isst.

Register

Alafanz	35	Fulder	18	Lumpesäckel	26	Schlarrete	39	Spukel	21

Alafanz 35
Babbsack 26
Bampelkrämer 32
Bätznickel 20
Bloßorsch 38
Bollewitzer 14
daab Fill 12
Dallacker 43
Dappes 30
Dappschädel 30
Derrrappel 22
Dilldapp 30
Dollbohrer 10
Dorschtel 28
Dottel 32
Dreckert 8
Dreckfickel 26
Drecksack 26
Duckel 8
Duckes 8
Dunzel 20
Düppeler 24
Färzverbeißer 28
Finz 35
Flabbes 40
Flabsch 40
Flöhhaub 35

Fulder 18
Futzel 40
Garschd 24
Giftnickel 44
Gispel 6
Golle 36
Golo 18
Grisel 14
Hallebatsch 43
Hampel 32
Hanndackel 30
Hannebampel 32
Hartriegel 10
Häudäudel 43
Häwwesdeesje 6
Hinnerfotzer 8
Hitzeblitz 44
Hornickel 44
Hoschbes 6
Houkelgoukel 12
Huspel 6
Hutschebibbes 13
Kruschel 16
Laatschgickel 21
Laatschmaul 39
Labbeduddel 13
Lackes 22
Lapporsch 32
Lump 8
Lumpebeele 36
Lumpekrott 16
Lumpemensch 8

Lumpesäckel 26
Muffes 35
Näuseler 24
Nulpe 42
Ollo 31
Olwel 31
Olwer 31
Olwernickel 31
Oos 8
Orschel 16
Oschero 18
Quatschpeter 39
Raubauz 19
Rechterer 44
Reckterer 44
Reff 23
Riwweldeisem 32
Riwwelmaddees 6
Riwweloorsch 6
Rolz 16
Rolzerin 16
Rülpes 19
Säckel 8
Schälch 41
Schätterätatt 39
Schaute 42
Schlampch 36
Schlampel 36
Schlampes 36
Schlappmaul 39
Schlarrer 39
Schlärrerin 35

Schlarrete 39
Schlippsche 41
Schlofeil 29
Schlofhaub 32
Schlumpel 36
Schlunk 10
Schlunkes 10
Schlunz 26
Schluuri 36
Schmuser 14
Schnäuber 46
Schnäubier 46
Schnauker 46
Schnäukel(er) 46
Schneegeler 46
Schnuffeler 29
Schoute 42
Schussel 41
Simbel 13
Spähfresser 47
Spänebrenner 29
Spinnefresser 47
Spinnegiekser 47
Spinozer 10
Spirbes 23
Spirwatz 23
Spitzegickes 21
Spitzklicker 15
Spokel 21
Spokes 21
Sprichbcitel 39
Sprinz(e) 23

Spukel 21
Spukes 21
Staches 23
Stampes 19
Stiebennarr 24
Storrax 10
Stripser 14
Strunzer 39
Suitier 14
Süßschmuser 14
Truschel 16
Trutschel 16
Ullack 31
Ullewatsch 31
Urschel 16
Urumpel 19
Utschebibbes 13
Utschel 16
Watz 26
Wurmsack 24
Zähnickel 29
Zampel 36
Zänkeisen 44
Zaupe 16
Zimberliese 35
Zimbernuss 35
Zippel 21
Zobbeleil 26
Zornnickel 44
Zumpel 16
Zussel 36
Zwirgel 29